W0351867

SALZTEIG

Kreatives Gestalten

Hiltrud Seibel

SALZTEIG
Kreatives Gestalten

ENGLISCH VERLAG

Die Deutsche Bibliothek – CIP-Einheitsaufnahme
Salzteig: Kreatives Gestalten / Hiltrud Seibel. – Wiesbaden: Englisch, 1998
ISBN 3-8241-0796-1

© by Englisch Verlag GmbH, Wiesbaden 1998
ISBN 3-8241-0796-1
Alle Rechte vorbehalten. Nachdruck, auch auszugsweise, verboten.
Fotos: Frank Schuppelius
Printed in Spain

Die Ratschläge in diesem Buch sind von Autorin und Verlag sorgfältig erwogen und geprüft, dennoch kann eine Garantie nicht übernommen werden. Eine Haftung der Autorin bzw. des Verlages und seiner Beauftragten für Personen-, Sach- und Vermögensschäden ist ausgeschlossen. Eine gewerbliche Nutzung der Vorlagen und Abbildungen ist verboten und nur mit ausdrücklicher Genehmigung des Verlages gestattet.

Inhaltsverzeichnis

Vorwort

Ohne großen finanziellen Aufwand kreativ zu sein und auch als Ungeübte ein Erfolgserlebnis zu erzielen – wie das geht, erfahren Sie in diesem Buch.

Mehl, Salz, Wasser, aus diesen drei Dingen, die die Natur für uns bereit hält, stellen wir unsere Modelliermasse her. Wenn Sie glauben, dass das Formen von Teig eine Modeerscheinung ist – weit gefehlt.

Vor Hunderten von Jahren hat man aus diesem Teig nicht nur Dankes- und Opfergaben gebacken, auch als symbolische Glücksbringer haben sie den Menschen Freude bereitet.

Freude bereiten können auch Sie, indem Sie Freunde mit etwas Selbstgebackenem überraschen, dessen ideeller Wert in der heutigen hochtechnisierten Zeit an erster Stelle steht.

Legen Sie Ihr ganzes Gefühl in die Figuren mit hinein, denn die Liebe zum Detail macht sie so liebenswert. Es lassen sich im Handumdrehen kleine Kunstwerke erstellen.

Auch bei unseren Jüngsten steht das Modellieren hoch im Kurs. Wir haben schon an so manchen Kindergeburtstagen in fröhlicher Runde zusammengesessen und lustige Figuren aus Salzteig geformt. Die Kinder sind mit sehr großem Eifer dabei, was sich auch immer wieder in meinen Kursen bemerkbar macht.

An dieser Stelle geht ein ganz besonderer Dank an meine Tochter Michaela und meine langjährige VHS-Schülerin Angelika Krabbe, die die Motive auf den Seiten 26 und 30 gefertigt haben.

Ich hoffe, dass ich Ihnen viele Anregungen geben kann und drücke Ihnen jetzt schon die Daumen für ein gutes Gelingen der „kleinen“ Kunstwerke.

Ihre Hiltrud Seibel

Material und Werkzeug

- ✔ Mehl und Salz für den Teig
- ✔ Nudelholz zum Ausrollen
- ✔ Küchenmesser
- ✔ Backförmchen
- ✔ Spritztüllen
- ✔ Gewürznelken
- ✔ Strohhalme
- ✔ Zahnstocher
- ✔ Haarpinsel
- ✔ Plakafarben
- ✔ Holzleim
- ✔ Tapetenschutz
- ✔ Lackspray
- ✔ Alufolie
- ✔ Büroklammern
- ✔ Gewebehaken
- ✔ Lackstifte
- ✔ Goldfarbe
- ✔ Glitzersterne

Grundanleitung

Rezepte

Grundrezept
- 3 Tassen Mehl
- 2 Tassen Salz
- 1 ¼ Tassen Wasser (lauwarm)

Rezept für Kleisterteig
- 1 ¼ Tassen Mehl
- 1 Tasse Salz
- 1 Esslöffel Tapetenkleister
- ¾ Tasse Wasser (kalt)

½ Stunde zugedeckt ruhen lassen.

Tipp: Nehmen Sie keine hochwertigen Produkte, das preisgünstigste Mehl und Salz ist genau richtig! Wichtig ist, dass volumenmäßig immer mehr Mehl als Salz verwendet wird.

Mischen Sie zunächst Mehl und Salz, und geben Sie dann erst das Wasser unter Rühren hinzu. Dann kneten Sie den Teig gut durch und lassen ihn zugedeckt etwa 15 Minuten ruhen. Ihr fertiger Teig sollte trocken-elastisch sein. So lässt er sich am besten modellieren.
Ist der Teig zu weich, geben Sie noch etwas Mehl (kein Salz) hinzu. Sollte Ihr Teig zu trocken sein, gießen Sie kein Wasser nach, sondern feuchten nur die Hände an und kneten ihn nochmals gut durch. Solange Sie modellieren, sollten Sie Ihren Restteig immer wieder abdecken, damit er an der Oberfläche nicht antrocknet.

Wenn Sie Teig übrig haben wickeln Sie ihn nicht in Alufolie ein! Geben Sie Ihren Teig in eine Plastikschüssel mit Deckel und bewahren Sie ihn im Kühlschrank auf, aber nicht länger als 2 Tage, sonst lässt er sich nicht mehr verarbeiten.

Modellieren

Bevor Sie beginnen, Ihren Teig zu kneten, sollten Sie Ihre Hände mit einer Handcreme einreiben. So kann das Salz Ihrer Haut nichts mehr anhaben.

Egal was Sie modellieren, formen Sie immer alles aus einer Teigkugel. Arbeiten Sie am besten gleich auf dem Blech, denn das Umplatzieren vom Backbrett auf das Backblech erweist sich gerade bei größeren, flachen Teilen als etwas schwierig.
Aus fototechnischen Gründen habe ich für die Arbeitsbilder auf dem Backbrett modelliert.
Rollen Sie den Teig immer auf etwas Mehl aus. Das gilt besonders für Kleider, Schürzen und Bänder. Bevor Sie Teig an- oder aufmodellieren, feuchten Sie die Stelle immer erst mit Wasser an. Achten Sie darauf, dass keine unnötigen Wassertropfen auf Ihre Arbeit kommen, da diese Stellen beim Backen dunkler werden.
Sollte Ihnen nach dem Backen dennoch mal ein Teil abfallen, so setzen Sie es mit frischem Teig wieder an. Es war ein Zeichen dafür, dass Sie es beim Modellieren nicht genug angefeuchtet hatten. Der Arbeitsgang und die Technik sind bei den jeweiligen

Motiven beschrieben. Zum Aufhängen Ihrer Arbeit können Sie aufgebogene Büroklammern (die in den noch frischen Teig geschoben werden) oder Gewebeaufhänger (die Sie mit Holzleim nach dem Backen aufkleben) verwenden.

Achten Sie darauf, dass Sie Ihre Hilfsmittel immer schön sauber halten. Das gilt auch für Ihre Hände, die sonst mit der Zeit eine immer dickere Teigschicht ansetzen würden.
Hilfsmittel zum Modellieren, wie Trinkhalme, Zahnstocher, Tüllen, Ausstechformen usw. sind in jeder Küche zu finden.
Die Sterntüllen kommen z.B. bei Weihnachtsmotiven voll zum Einsatz. Selbst die Hülle eines Faserschreibers musste schon für so manch schönes Muster herhalten.
Durch das versetzte Eindrücken eines Clipverschlusses lassen sich Ziegeldächer sehr naturgetreu modellieren (siehe auch Häuser auf Seite 37).

Backen

Das Backen von Salzteig ist eher ein „Trocknen“ im Backofen. Dabei ver-

Temperatur	Kränze und Figuren	Wandbilder mindestens 1 cm dick, z.B. Häuser, Türschilder usw.
75°C	1 Stunde bei leicht geöffneter Backofentür	2 Stunden bei leicht geöffneter Backofentür
100°C	1 Stunde bei geschlossener Backofentür	2 Stunden bei geschlossener Backofentür
150°C	1 Stunde bei geschlossener Backofentür	½ Stunde bei geschlossener Backofentür
175°C	Fertigbacken, bis die Teile nicht mehr am Blech kleben	Fertigbacken, bis die Teile nicht mehr am Blech kleben

ändern sich Ihre Motive kaum noch, außer wenn der Ofen zu heiß ist, dann gehen sie auf. Die kleine Tabelle auf Seite 10 wird Ihnen beim Backen helfen.

Meine Schüler/innen und ich haben mit diesen Backangaben die besten Ergebnisse erzielt.

Sollte der Teig hochgehen, schalten Sie die Temperatur etwas herunter, drücken die Blase vorsichtig mit Hilfe eines Topflappens heraus und lassen die Backofentür noch ein wenig offen.

Backen Sie unterschiedlich dicke Stücke gleichzeitig, prüfen Sie zwischendurch, ob die kleineren oder dünneren Teile schon fertig sind und nehmen Sie diese heraus.

Da Backöfen verschiedener Hersteller sehr unterschiedliche Backresultate zur Folge haben, empfehle ich Ihnen, bei Ihren ersten Versuchen öfter mal nach Ihren kleinen Kunstwerken zu schauen. Mit der Zeit werden Sie dann Routine bekommen und sich selbst eine kleine Backtabelle anlegen können.

Sofern Sie Ihre Teile bemalen, ist es vorteilhaft, sie möglichst hell zu backen. Sollen die Teile naturbelassen bleiben, backen Sie diese so lange, bis ein schöner Braunton erreicht ist. Beachten Sie aber, dass beim Lackieren der Farbton intensiver wird und bleibt!

Tipp: Salzteig wird beim Backen dunkler, wenn Sie ihn vor dem Backen gleichmäßig mit Wasser bestreichen.

Bemalen

Zum Bemalen von Salzteigarbeiten haben sich Plaka-Farben am besten bewährt. Wichtig ist, dass Sie die Farbe immer mit Wasser verdünnt auftragen, denn es wirkt viel natürlicher, wenn der Salzteig noch etwas durchschimmert.
Für Kinder eignet sich zum Bemalen der Wasserfarbkasten am besten. Da sich Wasserfarbe durch Überpinseln wieder anlöst, sollten Sie diese Stücke nicht grundieren, sondern nach dem Trocknen zweimal mit Lack übersprühen.

Die Farbtabelle auf Seite 12 wird Ihnen beim Farbenmischen die Arbeit erleichtern.

Um Pastelltöne zu erreichen, mischen Sie zu Ihrer Farbe, in kleinen Schritten, Weiß dazu. Für dunkle Töne nehmen Sie etwas Schwarz.
Mischen Sie die Hautfarbe aus Weiß, ganz wenig Gelb, Rot und noch weniger Grün.
Am besten probieren Sie die verschiedenen Farbmischungen erst einmal auf einem Zeichenblock aus. Sie werden sehen, es macht Spaß.
Nur Mut!
Haben Sie sich entschlossen, Ihre Stücke naturbelassen zu präsentieren, dann grundieren und lackieren Sie diese nur wie nachfolgend beschrieben.

Grundieren

Wenn Ihre bemalten Kunstwerke abgetrocknet sind, sollten Sie diese vor dem Lackieren noch grundieren.

Hierzu eignet sich besonders Tapetenschutz, den Sie mit 10-20% Wasser verdünnt auftragen.

Lackieren

Nachdem Ihre Teile wieder getrocknet sind, können Sie mit dem Lackieren beginnen. Ich empfehle Ihnen, sich hierzu Acryl-Klarlack in einer Spraydose zu kaufen. Er ist mühelos anzuwenden und viel sparsamer als Klarlack, der mit dem Pinsel aufgetragen werden muss, denn Sie benötigen Verdünner, um den Pinsel zu reinigen. Allerdings sollten Sie zum Sprayen ins Freie gehen!

Aus den Grundfarben Rot, Blau und Gelb lassen sich sehr viele Farbtöne mischen.

Arbeiten mit Backförmchen

Die einfachste Gestaltungstechnik ist das Ausstechen mit Backförmchen, bei der sogar unsere „Kleinsten" tüchtig mitarbeiten können.

Der Verwendungszweck dieser Förmchen ist so vielseitig, dass diese Seiten nicht ausreichen würden, um alle Möglichkeiten aufzuzählen.

Hier einige Beispiele:

1. Anhänger aus Blüten und Herzen, die hübsch verziert und vielleicht auch bemalt, an einem Korkenzieher-Haselzweig das ganze Jahr über gut zur Geltung kommen (siehe Seite 26).

2. Verschieden große Herzen werden nach dem Backen rot angemalt und lackiert. An frische grüne Zweige gehängt, sind sie ein hübsches Geschenk zum Muttertag, zum Geburtstag oder zur Hochzeit.

3. Auch Tischkarten zu allen Anlässen, wie Kindergeburtstag oder Adventskaffee (siehe Abb. Seite 56), lassen sich mit Salzteig gestalten. Besorgen Sie sich farbigen Fotokarton und schneiden Sie Quadrate von ca. 9 x 9 cm aus. Diese falten Sie einmal in der Mitte zusammen. Nach Herzenslust kleben Sie nun mit Holzleim Ihre fertigen Figuren darauf.
Mit einem Lackstift (erhältlich im Schreibwarenhandel) schreiben Sie zum Schluss die Namen Ihrer Gäste auf die Karten.

4. Zum Geburtstag schreiben Sie den Namen und das Alter auf rote oder rosa Herzchen und überreichen den Strauß dem Geburtstagskind. Darüber freuen sich nicht nur Kinder.

5. Geschenkanhänger und Christbaumschmuck lassen sich auch mühelos mit Backförmchen herstellen (Abb. siehe Seite 54).

Tipp
Sie können die Figürchen mühelos vergrößern, indem Sie den Teig so dick wie möglich ausstechen und anschließend mit dem Nudelholz nach beiden Seiten etwas ausrollen. Auf diese Art und Weise haben Sie sich das Anfertigen einer Schablone erspart.

Naturbelassener Salzteig

So zeigt sich der Salzteig von seiner schönsten Seite. Wem das zuviel Natur ist, kann mit Farbe noch Akzente setzen.
Die schöne Bräune erhält der Teig zum einen, wenn Sie die fertigen Motive vor dem Backen gleichmäßig mit Wasser bestreichen und zum anderen, wenn Sie Ihren Infrarotgrill im Backofen für ca. 3–4 Minuten benutzen. Aber da ist natürlich Vorsicht geboten. Während Sie diesen Grill benutzen, sollten Sie keinen Gang mehr zum Briefkasten unternehmen und auch keine Telefonate führen. Das heißt also, Sie müssen unbedingt in der Nähe bleiben, um den Teig beobachten zu können. Lassen Sie das Übergrillen auch nicht Ihre Kinder erledigen.

Geflochtener Zopf

Anleitung

Der ca. 35 cm lange Zopf wird aus drei Teigsträngen geflochten. Die Schleife fertigen Sie, wie auf Seite 27 gezeigt, aus einem ca. 18 cm langen und ca. 2 cm breiten Teigband an.
Vor dem Backen bestreichen Sie den Zopf mit Wasser. (Abbildung Seite 16)

Rosenkorb

Anleitung

Wellen Sie zuerst ein Rechteck aus und drücken Sie es mit den Fingern in die richtige Form. Arbeiten Sie als nächstes die Verzierungen darauf. Die zwei kleinen Vögel modellieren Sie mit der Hand, indem Sie eine Teigkugel zu einem Blatt formen und anschließend das Köpfchen und den Schnabel herausmodellieren. Sind alle Verzierungen angebracht, befestigen Sie etwas Teig an der Oberseite, der flachgedrückt und aufgeraut wird, um Rosen und Blätter anzubringen. Feuchten Sie diesen anmodellierten Teig sehr gut an und arbeiten Sie Blätter und Blüten darauf.

Wie Sie die Rosen modellieren, wird auf Seite 24 erklärt. Insgesamt ist der Rosenkorb ca. 15 cm hoch.

Herz

Anleitung

Arbeiten Sie einen Teigstrang von ca. 30 cm Länge und legen Sie ihn sofort zu einer Herzform auf Ihr Backblech. Rollen Sie nun mit Ihrem Nudelholz, ohne viel Druck auszuüben, darüber. Das Herz wird mit Wasser gleichmäßig überpinselt und das gewünschte Muster wird eingedrückt. Die Schleife wird aus zwei gleich langen dünnen Teigsträngen gefertigt.

Dekorieren Sie die Herzspitze mit 2 Blättern und einer Blüte (siehe hierzu Arbeitsfoto auf Seite 25).
Das fertige Herz ist ca. 14 cm breit.

Früchtekränze

Die klassischen Kränze sollten auf keinem Backblech fehlen. Dass Sie sie in allerlei verschiedenen Variationen gestalten können, ersehen Sie auch auf Seite 20, wo ich Ihnen ein paar Techniken vorstelle. Die hier abgebildeten Kränze haben einen Durchmesser von 12 bzw. 30 cm.

Verziert mit Blumen oder Früchten sind sie eine Augenweide für jeden Betrachter.

An Zubehör benötigen Sie nur Gewürznelken für die Früchte.

Anleitung

Flechten Sie den Kranz aus 3 gleich dicken Teigsträngen. Damit sich der Teig während des Flechtens nicht immer mehr in die Länge zieht, fangen Sie in der Mitte an (siehe Abbildung Seite 15). Fügen Sie das Ganze zum Kranz zusammen und wellen Sie leicht mit dem Nudelholz darüber.
Für die Blätter drücken Sie kleine Teigkugeln zwischen Daumen und Zeigefinger möglichst flach, lassen sie an den Enden spitz zulaufen und drücken mit dem Messer Blattadern ein (siehe Abbildung Seite 17).

Kranzvariationen

Gedrehte Teigstränge sind kinderleicht in der Ausführung. Das Foto zeigt Ihnen, dass Sie mit 2 oder auch 3 Teigsträngen Kränze drehen können. Die Kränze hier haben einen Durchmesser von ca. 10 cm.

Anleitung

Das Drehen der Kränze entnehmen Sie der Abbildung. Das Kränzchen auf dem Bild rechts unten habe ich mit 3 Strängen gedreht.
Farben habe ich hier nur ganz sparsam verwendet, wie z.B. bei den Blättern oder Vertiefungen. Der Rest ist Natur pur.
Die Bräune erhalten die Kränze, wenn sie vor dem Backen mit Wasser gleichmäßig bestrichen werden oder wenn zum Schluss die Backtemperatur höher gestellt wird (175°C).

Gedrehte Kränze

Gedrehte Kränze lassen sich hübsch dekorieren. Diese hier haben einen Durchmesser von 12 cm.

Anleitung

Das Drehen der Teigstränge sehen Sie auf der Abbildung auf Seite 20.

Bei diesen Kränzen habe ich mit einem Pinselstiel kleine Teigkugeln auf die Teigstränge gesetzt und eine dünne Teigschnur auf die dickere gelegt. Dadurch wirken die Kränzchen besonders plastisch. Es gibt natürlich noch viele andere Gestaltungsvarianten.

Obstkörbchen

Anhand dieser Obstkörbe möchte ich Ihnen verschiedene Techniken des „Korbflechtens“ vorstellen. Die Größe der Körbe beträgt ca. 8 x 10 cm.

Anleitung

Sie können einzelne Teigstränge zum Korbgeflecht legen und im Anschluss verzieren wie bei dem naturbelassenen Korb.

Den Korb mit den bemalten Früchten habe ich mit Hilfe von zwei Gabeln hergestellt. Ein Teigstrang, der mit dem Messerrücken in kleinen Abständen eingedrückt wird, bildet den Korbrand. Modellieren Sie ein Stück Teig darüber, auf dem Sie das Obst anordnen.

Oder Sie drücken den Teig mit dem Messerrücken ein, wie bei dem Korb rechts oben. Auch hier können verschiedene Verzierungen vorgenommen werden.

Blühendes

Blumentöpfe als Wandschmuck

Hier blüht Ihnen was. Natürlich sind diese Blumentöpfe nicht für die Fensterbank gedacht, sondern zum Aufhängen an die Wand, ideal für kleine Nischen oder Säulen. Aber wie groß die Töpfe letztendlich sein sollen, bestimmen Sie; die abgebildeten sind ca. 10 cm hoch.

Anleitung

Töpfchen

Wellen Sie eine Teigkugel aus und schneiden Sie sie ohne Schablone, frei Hand, in Form. Wellen Sie nun ein Teigband aus und legen Sie es als Rand über den Topf. Überstehende Teigstücke schneiden Sie mit dem Messer ab.

Bevor Sie mit der Blütendekoration beginnen, muss etwas Teig unterfüttert werden.

Vergissmeinnicht

Aus drei größeren und einer kleinen Kugel entsteht das blaue Vergissmeinnicht.

Rosen

Der flachgedrückte Teigstrang wird, wie die Abbildung zeigt, mit beiden Händen aufgewickelt. Der durch das Wickeln entstehende Kelch wird mit dem Messer vorsichtig, ohne die Rose zu verdrücken, abgeschnitten. Platzieren Sie diese mit Hilfe des Messers auf dem Topf.

Malve

Eine Teigkugel wird flachgedrückt und mit dem Messer werden vorsichtig Rillen eingekerbt.
Nehmen Sie nun einen Pinselstiel, stülpen Sie die Blüte darüber und platzieren Sie sie direkt auf Ihrer Arbeit.
Eine kleine Teigkugel geben Sie zum Schluss in die Mitte.

Blumenherz und Blütenanhänger

Herzige Motive, gearbeitet nach eigener Idee von meiner Tochter. An diesen Motiven sehen Sie, mit wieviel Sorgfalt und Liebe auch Kinder mit Salzteig umgehen können.

Anleitung

Das geflochtene Herz wird mit aufgeschabtem Teig und vielen kleinen Blüten und Blättern verziert. Es ist ca. 12 cm groß.
Die Blütenanhänger werden mit Ausstechförmchen gearbeitet. Sie geben eine schöne Tischdekoration ab. Legen Sie jedem Gast einen Anhänger zum mit nach Hause nehmen auf die Serviette.

Tipp

Seien Sie mit den Farben sehr zurückhaltend.
Nehmen Sie sehr viel Wasser zum Anmischen und lasieren Sie die Teigstücke zügig. Grelle Farben können gerade bei diesen feinen Motiven kitschig wirken.

Kränze und Herz

Kränze und Herzen sind beliebte Salzteigmotive, da sie sich relativ leicht formen lassen. Hier stelle ich Ihnen weitere Variationen vor. Die Kränze sind ca. 12 cm, das Herz ca. 10 cm groß.

Anleitung

Diese Kränze, aus zwei Teigsträngen gedreht, habe ich mit dem Nudelholz etwas flacher gerollt und nur mit einer Salzteigschleife dekoriert. Die Schleife arbeiten Sie, wie auf dem Foto zu sehen.
Das Herz können Sie auch ohne Schablone modellieren. Formen Sie aus einer Kugel ein Dreieck und wellen Sie es flach aus. In die breite Seite schneiden Sie mit dem Messerrücken eine Kerbe und runden die Kanten mit dem Finger ab. Jetzt ist das Herz zum Dekorieren fertig.

Blütenschale und Kranz

Salzteigkränze und -schalen lassen sich gut mit Rosen verzieren. Die Schale ist ca. 9 cm groß.

Anleitung

Diese Blumenschale arbeiten Sie im Prinzip genauso wie auf Seite 24 beschrieben, allerdings müssen Sie das Gefäß nicht mehr in Form schneiden. Wellen Sie eine Teigkugel etwas flach aus und modellieren Sie an der Oberkante etwas Teig für die Blütenpracht an.
Das gedrehte Kränzchen ist farblich passend auf die Blütenschale abgestimmt.

Blütenkranz

Der Arbeitsaufwand für diesen Kranz ist etwas größer als für die vorherigen, was aber nicht besagt, dass er schwerer ist. Wenn Sie sich schon an die Motive auf den ersten Seiten gewagt haben, dürfte es Ihnen nicht schwer fallen, diesen Kranz zu modellieren. Denn inzwischen wissen Sie,

wie man Blätter, Rosen und andere Blüten herstellt. Für den Anfang genügt ein kleiner Kranz, ca. 10-15 cm Durchmesser reichen vollkommen aus. Und wenn Sie dann so richtig in Übung sind, empfehle ich Ihnen einen großen Blütenkranz auszuprobieren. Er sieht in Natur und bemalt fantastisch aus.
Auch hier habe ich ein gedrehtes Kränzchen passend dazu modelliert.

Anleitung

Fertigen Sie zuerst aus einem Teigstrang die Grundform. Feuchten Sie mit dem Pinsel den gesamten Kranz an und schaben Sie den Teig ganz dünn darüber. Darauf ordnen Sie nun Ihre Blüten und Blätter an.

Tipp

Für so edle Motive sollten Sie zum Aufhängen kein Plastikband verwenden. Im Kurzwarenhandel bekommen Sie sehr schöne Stoffbänder als Meterware.

Für Kakteenfreunde

Kakteen als Wand- schmuck

Sehr naturgetreu sehen sie aus, die kleinen Kakteen (ca. 6-9 cm hoch). Sie sind hervorragend geeignet, um kahle Bürowände aufzupeppen. Der Topf bietet Platz, um noch einen frechen Spruch loszuwerden.
Wer sich aber lieber sein eigenes Heim damit schmücken möchte, der kann es auch mit bunt bemalten Töpfchen probieren.

Anleitung
Für den Topf wellen Sie eine Teigkugel flach und drücken sie mit den Fingern in Form. Dann stechen Sie einen Zahnstocher in den Topf, sodass ca. die Hälfte herausschaut. Aus Teigkugeln formen Sie dann die Kakteen.

Kakteen zum Aufstellen

Sollen die Kakteen für Blumenbank, Setzkasten oder Puppenhaus sein, müssen Sie die „Stacheligen Gesellen" etwas kleiner (ca. 3-8 cm) und auch aus festerem Teig modellieren. Das Rezept hierzu finden Sie auf Seite 9 (Kleisterteig).

Anleitung

Sie formen erst das Töpfchen, stecken 1 oder 2 Zahnstocher in die Mitte und drücken dann vorsichtig Ihren Teigkaktus gemäß der Abbildung hinein.

Bäume und Häuser

Laubbaum

Wenn Sie einen Baum modellieren, sollten Sie ihn so lebendig wie möglich aussehen lassen. Der größere Baum ist ca. 14 cm hoch.

Anleitung

1. Für diesen alten Laubbaum wird zuerst der Stamm aus einer Teigrolle (ca. 10 cm lang und daumendick) geformt. In diese Teigrolle drücken Sie mit dem Messerrücken Rillen ein.
2. Schneiden Sie den Stamm an beiden Enden mit dem Messer ein und biegen Sie mit Daumen und Zeigefinger die Enden nach außen. Wenn es nach einem sehr alten Baum aussehen soll, kann der Stamm etwas in Schräglage gebracht werden.

3. Für den oberen Teil kneten Sie eine Hand voll Teig, formen ihn und bringen ihn an dem vorher gut angefeuchteten Stamm an. Mit Hilfe eines Zahnstochers können Sie ihm den entsprechenden Halt geben.
4. Indem Sie mit der Messerspitze den Teig aufrauen, geben Sie Ihrem Baum den letzten Schliff. Achten Sie darauf, dass die Umrisse nicht gleichmäßig sind, sonst sieht er langweilig aus.

5. Wenn Sie möchten, modellieren Sie eine kleine Wiese unter den Baum. Die Technik hierfür ist die gleiche wie bei der Baumkrone.

Und wer es etwas farbenfroher mag, kann kleine Blüten auf die Wiese setzen. Diese werden aus kleinen Teigkugeln geformt und mit Hilfe des Pinselstiels angebracht.

Tipp
Sie können den Laubbaum auch auf eine ausgeschnittene Grundplatte aufmodellieren, wie beim Apfelbaum auf Seite 34 beschrieben.

Apfelbaum

Durch die roten Äpfel wirkt dieser Baum sehr plastisch.
Er ist ca. 22 cm hoch.

Anleitung

Der Apfelbaum mit den zwei niedlichen Kätzchen wird aus einer ausgerollten Teigplatte ausgeschnitten (siehe Abbildung Seite 32). Für die Baumkrone müssen Sie allerdings nochmals eine flachgedrückte Teigkugel darüberlegen, damit der Baumstamm etwas in den Hintergrund tritt. Mit der Messerspitze wird der Teig anschließend genauso aufgeraut wie beim Baum auf Seite 32. Auf dem angefeuchteten Teig werden die Früchte verteilt.
Für ein Kätzchen benötigen Sie drei Teigkugeln (1. Körper, 2. Kopf, 3. Schwanz). Modellieren Sie es, wie auf dem Bild zu sehen, nach. Fügen Sie nun die drei Teile zu einer Katze zusammen.

Häuser

Werden Sie Ihr eigener Baumeister und bauen Sie sich Ihr Traumhaus. Mit Salzteig kein Problem!
Diese hier sind ca. 14 cm hoch.

Anleitung

Für Ihr „Traumhaus“ wellen Sie als erstes eine Grundplatte aus, aus der Sie die Umrisse frei Hand ausschneiden.
Als nächstes rollen Sie einen Teigstrang so lang, dass er als Dach angelegt werden kann. Die Fensterrahmen und die Tür stellen Sie aus sehr dünnen Teigsträngen her.
Für den Schornstein formen Sie ein Rechteck und legen es an die Dachschräge.

Zum Schluss modellieren Sie die Wiese an. Schaben Sie dafür etwas Teig mit dem Messer direkt gegen die Unterkante des Hauses.
Oder Sie verfahren wie auf Seite 32 beschrieben, modellieren erst den Teig an und rauen ihn dann mit der Messerspitze auf. Es ergibt den gleichen Effekt. Probieren Sie aus, was Ihnen leichter fällt.

Bei dem unbemalten Haus in der rechten unteren Bildseite habe ich Tür und Fenster mit der Kante eines Pappstreifens eingedrückt. Das ist nicht nur sehr einfach, es geht natürlich auch schneller, aber beim Modellieren soll es nicht um Geschwindigkeit gehen.
Lassen Sie sich nur nicht aus der Ruhe bringen, auch wenn manches etwas länger braucht.

Das schöne Schindel- oder Ziegeldach habe ich mit einem Clip-Verschluss (siehe Seite 10) angefertigt.

Türschilder

Für Junggesellen

Überlegen Sie mal, wem Sie, außer sich selbst, so ein schönes, vielleicht auch witziges Türschild modellieren könnten.

Anleitung

Für die Schrift verwenden Sie eine Tortenspritze mit Lochtülle, Durchmesser 2 mm. Nun rühren Sie wie folgt Ihren Teig dazu an:
1 gehäufter Esslöffel Mehl
1 Esslöffel Salz
in einer Tasse mischen und mit soviel Wasser anrühren, dass eine zähe Masse entsteht.
Füllen Sie etwas Teig in die Spritze und probieren Sie an einem Buchstaben aus, ob der Teig nicht zu dünn ist. Wenn die Schrift auseinanderläuft, müssen Sie noch etwas Mehl zufügen. Achten Sie darauf, dass keine Klümpchen entstehen. Der gebrauchsfertige Teig muss glatt sein.
Rollen Sie als nächstes die Grundplatte von ca. 18 x 10 cm aus. Bevor Sie den Rahmen aus einem Teigstrang anlegen, beschriften Sie Ihr Türschild. Die Sonne wird nur angedeutet. Wenn nun alles gut gelungen ist, wird der Teigstrang rundherum gelegt. Lassen Sie ihn an der Unterkante zusammenlaufen. Darüber modellieren Sie die kleine Blumenwiese.

Für Oma und Opa

Was schenken wir nur der Oma? Über ein selbst gemachtes Türschild freuen sich die Großeltern bestimmt.

Anleitung

Für dieses Türschild wellen Sie sich eine Grundplatte in Form einer Kachel (ca. 12 x 12 cm) aus. Das Muster am Rand habe ich mit einem Strohhalm eingedrückt.
Als Nächstes rollen Sie einen Teigstrang, aus dem der Name zusammengestellt wird. Dies tun Sie auf Ihrer Arbeitsplatte. Erst wenn der Name vollständig ist, heben Sie ihn, Buchstabe für Buchstabe, auf die vorher etwas angefeuchtete Teigplatte. Nehmen Sie sich ein kleines Messer zur Hilfe.

Im Anschluss daran können Sie, ganz sacht, mit dem Nudelholz über die Buchstaben wellen. Die Köpfe fertigen Sie auch erst auf der Arbeitsplatte, bevor Sie sie auf den Teig legen (siehe dazu Seite 52).

Marmorieren

Technik

Marmorierter Teig ist etwas ganz Besonderes, sieht edel aus und ist ganz einfach in der Herstellung.

Anleitung

Verwenden Sie zum Einfärben des fertigen, nicht zu weichen Teiges Plakafarben. Es genügt, wenn Sie eine kleine Menge (etwa eine Handvoll) Teig mit 1-2 Teelöffel Farbe mischen. Durch diese Farbe wird Ihr Teig etwas weicher, deshalb kneten Sie noch Mehl darunter, damit er wieder modellierfähig wird. Probieren Sie ruhig verschiedene Farben aus. Sie können auch die Farben vorher untereinander mischen (siehe Farbtabelle Seite 12), um den von Ihnen gewünschten Farbton zu erhalten. Dann fügen Sie einen Teil Naturteig dazu und verbinden die beiden Sorten, z.B. indem Sie mit dem Nudelholz leicht darüber wellen.

Ostereier

Anleitung

Für die Eier brauchen Sie keine Schablone, wenn Sie die Teigkugel gleich zu einem Oval ausrollen. Dann legen Sie die eingefärbten Teigstränge auf die Eiform und wellen leicht mit dem Nudelholz darüber. Vergessen Sie nicht, mit einem Strohhalm das Loch für das Aufhängeband auszustechen.

Kerzenständer

Eine originelle Tischdekoration sehen Sie hier. Diese Kerzenständer können Sie farblich auf Ihr Service abstimmen.

Anleitung

Verdrehen Sie die gefärbten Stränge leicht mit den naturbelassenen und formen Sie eine Kugel.
Eine passende Vertiefung für die Kerze erreichen Sie durch das mehrfache Umwickeln der Kerze mit Alufolie, die Sie dann vorsichtig in die Teigkugel eindrücken. Die Kerze ziehen Sie wieder heraus, während die Alufolie beim Backen im Teig verbleibt.
Das gleiche gilt auch für das Teelicht.

Wichtig

Die Kerzenständer müssen zuerst mindestens 4 Stunden bei max. 50°C und anschließend bei 75°C fertig backen. Achten Sie darauf, dass der Teig keine Bräune annimmt, da die Farbkontraste der Marmorierung dann nicht mehr zur Geltung kommen. Probieren Sie es vielleicht im unteren Drittel Ihres Backofens.

Frohe Ostern!

Hasengesichter

Wollten Sie schon immer mal jemandem die Ohren langziehen? Jetzt können Sie es tun. Zumindest bei den lustigen Hasengesichtern. Mit Ohren sind sie ca. 6-10 cm groß.

Anleitung

Wenn Sie genau hinschauen, werden Sie erkennen, dass diese Gesichter aus einer Eiform entstehen. Für die Ohren nehmen Sie sich Zahnstocher zu Hilfe und drücken den Teig gleich darum. Mit Daumen und Zeigefinger werden sie in Form modelliert und in den Kopf gesteckt. Dann werden die Kugelbäckchen und die Nase aufgesetzt. Wenn Sie möchten, können Sie auch noch Zähne anbringen.

Zum Befestigen der Bastschleife nach dem Lackieren biegen Sie eine halbe Büroklammer auf, trennen sie mit dem Seitenschneider in der Mitte durch und schieben sie in den unteren Teil des Teiges. Ein Stück Bast dient als Aufhänger.

Osterhasen

Natürlich lassen sich aus Salzteig nicht nur Hasengesichter, sondern auch komplette Hasen formen. Diese hier sind 6-9 cm groß.

Anleitung

Für den kleinen Hoppelhasen brauchen Sie den festeren Kleisterteig. Das Rezept finden Sie auf Seite 9.
Formen Sie zuerst ein Ei, das an dem spitzen Ende flachgedrückt und länger gezogen wird. Es ist die Mulde, in die Sie den Hasenkopf hineinlegen. Die Vorderpfoten ergeben sich somit ganz von selbst. Sie müssen sie nur noch mit dem Messer unterteilen.
Die Hinterpfoten formen Sie aus je einer Teigkugel und fertigen Sie diese so, wie auf der Abbildung gezeigt.
Die Ohren werden genauso gearbeitet wie bei dem Hasengesicht beschrieben.
Für einen schön gedeckten Ostertisch sollten Sie gleich mehrere Häschen anfertigen.
Die Grundform für den Hasen mit der Möhre ist die gleiche wie auf Seite 46.
Der Hase ist ca. 10 cm groß.

Tipp

Schauen Sie auch hier mal nach Ihren Ausstechförmchen, vielleicht ist ja etwas Österliches dabei.

Farbenfrohes

Fische

Tauchen Sie mit in die Unterwasserwelt und Sie werden von der Farbenvielfalt begeistert sein. Deshalb können Sie nach dem Modellieren und Backen nach Herzenslust mit den Farben spielen. Die Goldfische sind ca. 5-10 cm, die anderen Fische ca. 12 cm groß.

Anleitung

Alle Fische, die Sie hier abgebildet sehen, sind jeweils aus einer Teigkugel geformt, d.h. Sie rollen den Teig aus und schneiden mit dem Messer die Flossen in Form. Die Rücken- und Bauchflossen werden mit dem Daumen bearbeitet und mit dem Messerrücken in kleinen Abständen eingedrückt.

Wenn Sie die Fische aufhängen möchten, vergessen Sie nicht, die Büroklammern im vorderen Drittel anzubringen.

Für das Kinderzimmer

Bären

Nicht nur Kinderherzen schlagen bei diesen niedlichen Bären höher. Da sie nicht viel Platz an der Wand beanspruchen, können Sie gleich eine ganze Bärenfamilie modellieren. Die abgebildeten Bären sind 6 und 8 cm groß.

Anleitung

Wie Sie den Bären formen, entnehmen Sie der Abbildung.
Wenn es ein ganz persönliches Geschenk werden soll, modellieren Sie freihand ein kleines Herz und hängen es nach dem Backen und Beschriften mit Hilfe eines dünnen Fadens um den Hals der Salzteigfigur.

Elefanten

Brüderchen und Schwesterchen könnten diese Elefanten sein. Sie sind ca. 7 und 12 cm groß.

Anleitung

Die Elefanten werden im Prinzip genauso geformt wie die Bären.

Den Rüssel arbeiten Sie aus einem Teigstrang, den Sie mit dem Messerrücken einkerben. Den graublauen Farbton erhalten Sie, indem Sie Weiß mit etwas Blau und Schwarz mischen. Auch hier muss die Farbe mit Wasser verdünnt werden.

Mondbär

Ein schönes Geschenk zur Geburt oder zur Taufe ist dieser Mondbär. Der 14 cm breite Mond bietet Platz für beliebige Aufschriften.

Anleitung

Für den Mond rollen Sie zunächst aus einer Kugel mit gespreizten Fingern einen Teigstrang und lassen die Enden etwas spitz zulaufen. Nun legen Sie den Teig wie eine Banane auf Ihr Backblech und rollen ihn mit dem Nudelholz auf eine Dicke bis zu 1 cm aus (siehe Abbildung).
Wie der liegende Bär modelliert wird, entnehmen Sie den Abbildungen.

Tipp

Nur mit dem Namen des Kindes versehen kann der Mondbär auch als Türschild fürs Kinderzimmer dienen.

Namensbär

Diesen 22 cm hohen Bär haben Sie mit ein paar Handgriffen modelliert. Auch ohne Aufschrift ist er ein schöner Wandschmuck.

Anleitung

Rollen Sie Kugel für Kugel aus und fügen Sie sie anschließend zusammen. Vergessen Sie nicht das Anfeuchten mit Wasser. Die Augen und die Nase malen Sie nach dem Backen mit schwarzer Farbe auf.

Tipp

Bevor Sie die Schrift aufsetzen, besorgen Sie sich erst ein Band für die Schleife und mischen danach Ihren Farbton.

Figuren

Sie könnten Bruder und Schwester sein, vielleicht ist sie aber auch seine kleine Freundin? Auf jeden Fall werden Sie sicher viel Spaß haben, diese ca. 12 cm großen Figürchen zu modellieren. Und denken Sie jetzt bitte nicht, dass dies viel zu schwer für Sie sei. Sie brauchen nur etwas mehr Zeit zum Modellieren.

Egal welche Figur Sie modellieren wollen, fangen Sie zuerst mit dem Körper an, es folgen Arme, Beine und ganz zum Schluss wird der Kopf aufgesetzt. Aber probieren Sie erst, ob die Teigkugel als Kopf auch in der Proportion stimmt.

Mädchen

Anleitung

1. Für das Mädchen fertigen Sie einen Körper in der Form eines Dreieckes und bringen 2 bleistiftdicke Rollen an, wie auf der Abbildung zu sehen.

2. Wellen Sie nun für das Kleidchen den Teig ca. 3 mm dick aus, nehmen Sie sich noch etwas Mehl zu Hilfe und bestäuben Sie die Arbeitsplatte und die auszurollende Fläche.

3. Schneiden Sie ein großes Rechteck heraus und legen Sie es in Wellen (siehe Abb.) auf das Dreieck. Der Rocksaum sollte nur ein paar Millimeter überstehen. Mit Hilfe von Daumen und Zeigefinger drücken Sie nun das Kleidchen in Form.

4. Dann sind die Arme an der Reihe. Rollen Sie zwei gleich lange Teigsträn-

ge und schneiden Sie sie an beiden Enden schräg (siehe Abb.). Durch das Auflegen an den Körper ergeben sich nun die Schulteransätze und nach unten sieht es aus, als wenn die Arme hinter dem Rücken verschränkt sind.

5. Für die Schuhe rollen Sie zwei gleiche Teigkugeln, drücken sie etwas flach und setzen sie an den vorher angefeuchteten Rocksaum.

6. Für den Kopf drehen Sie eine entsprechend große Teigkugel zwischen den Handflächen. Bevor Sie sie an den Körper setzen, schieben Sie einen Zahnstocher in den Körper und unterfüttern ihn mit etwas Teig. Darauf setzen Sie nun den Kopf. So erhält Ihre Figur eine sehr gute Stabilität.

7. Um eine schicke Frisur herzustellen, rollen Sie einen entsprechend langen Teigstrang ziemlich flach aus und drücken vorsichtig mit dem Messer Rillen als Haarsträhnen ein. Am besten Sie nehmen sich auch hier wieder etwas Mehl zur Hilfe, damit die Frisur nicht an der Arbeitsplatte

kleben bleibt. Feuchten Sie nun den Kopf der Figur an und bringen Sie die Frisur in Form.
Zum Schluss setzen Sie dem kleinen Mädchen noch zwei Schleifchen ins Haar und es wird mit Ihnen um die Wette strahlen.
Wenn Sie mit dem Anmalen noch etwas Schwierigkeiten haben, sollten Sie Augen und Mund nur als Punkte aufsetzen.

Junge

Anleitung

Der Aufbau ist fast der gleiche wie bei dem Mädchen. Sie formen zuerst ein Rechteck (siehe Abb.), das sich nach oben etwas verjüngen muss.
Für die schöne Pluderhose teilen Sie mit dem Messerrücken die Hosenbeine ab und formen mit dem Daumen die Kanten nach.
Für das Jäckchen rollen Sie auf Ihrer bemehlten Arbeitsplatte etwas Teig ca. 3 mm dick aus und schneiden zwei Jackenhälften heraus, die auf den Körper gelegt werden. Die obere Schnittkante biegen Sie leicht nach außen und haben auf diese Art und Weise gleich den Kragen angepasst.
Ansonsten verfahren Sie weiter wie beim Mädchen beschrieben. Allerdings ändert sich bei der Frisur eine Kleinigkeit: Für die Locken schaben Sie aus der Hand etwas Salzteig mit einem Messer auf den Kopf. Oder Sie arbeiten die Frisur wie beim Mädchen und lassen Zöpfe und Schleifen weg. Beides sieht sehr niedlich aus.

Beim Bemalen habe ich die Farben ganz sparsam verwendet, damit Sie sehen, wie schön auch naturbelassener Salzteig aussehen kann, z.B. beim Kleidchen. Wenn Sie die Farben nicht zu stark auftragen, schimmert der Salzteig noch durch.

Weihnachtliches

Tannenbaumschmuck

Wer kennt es nicht, die Suche vor Weihnachten nach einem geeigneten Versteck für die guten Plätzchen, um sie vor dem frühzeitigen Verzehr durch die Familie in Sicherheit zu bringen. Bei diesen Plätzchen werden Sie dieses Problem nicht haben. Sie sehen zwar den echten zum Verwechseln ähnlich, aber spätestens beim Hineinbeißen wird der Unterschied zu spüren sein.

Anleitung

Die Plätzchen werden ausgestochen. Die Muster habe ich mit Tortentüllen in den Teig gedrückt (siehe Seite 10). Stöbern Sie doch mal Ihre Schubladen durch, irgendetwas werden Sie schon entdecken, um vielerlei Muster in den Salzteig zu zaubern. Im Nu ist ein Backblech vollgelegt.
Ich habe einige dieser Plätzchen mit Goldfarbe verziert, aber erst nach dem Lackieren. Sie sehen dann gleich etwas festlicher aus.
Für die Kränze wird ein flachgedrückter Teigstrang in sich gedreht und die Enden werden anschließend zu einem Kranz zusammengefügt.

Tipp

Streichen Sie die Plätzchen vor dem Backen gleichmäßig mit Wasser ein und backen Sie sie im oberen Drittel Ihres Backofens. So erhalten sie eine schöne Bräune. Sollen sie hell bleiben, verzichten Sie natürlich auf das Bepinseln mit Wasser und schieben das Blech auf die untere Schiene.

Edgar
Opa Ludwig
Michi
1997
für OMA MARGRET
HASAN
für Angelika
Sonja

Geschenkanhänger

Jeder Geschenkanhänger ist ein Unikat, und er sollte auf keinem Päckchen fehlen, das mit viel Liebe verpackt worden ist.

Anleitung

Stechen Sie die Plätzchen aus und bemalen Sie sie sparsam nach dem Backen.
Die Namen Ihrer Lieben können Sie mit Farbe und Pinsel oder mit einem passenden Lackstift (sind auch in Gold und Silber erhältlich) darauf schreiben.

Tipp

Wenn Sie die Jahreszahl, z.B. Weihnachten 1998, auf die Rückseite schreiben, werden die Anhänger mit der Zeit richtige Sammlerstücke. Auch hier darf mit Goldbronze großzügig umgegangen werden.

Fensterschmuck

Der weihnachtliche Schmuck am Fenster darf auf keinen Fall fehlen. Sie können ihn mit großen Ausstechformen genauso wie mit Schablonen herstellen.

Anleitung

Malen Sie die Formen nach dem Backen auf beiden Seiten an, damit beim Anblick der Figuren Spaziergänger ebenso in Weihnachtsstimmung kommen wie Sie.

Auf der Abbildung sehen Sie, dass es auch hierbei einige Dekorationsvarianten gibt.

Weihnachtskarten

Zum Verschenken oder Verschicken ist das eine tolle Idee. Alles was Sie dazu brauchen, sind ein paar Klappkarten mit passenden Umschlägen. Sie sind in allen Farben im Schreibwarenhandel erhältlich.

Anleitung

Legen Sie die fertigen Salzteigplätzchen oder Lebkuchen, Tannenbäume, Kerzen usw. auf die Karte drauf und kleben Sie die Teile erst fest, wenn Ihnen die Anordnung gefällt.
Wollen Sie die Karten verschicken, arbeiten Sie die Motive so dünn wie möglich (2 mm) und streichen sie zum Aufkleben mit Ponal Express ganzflächig ein.

Tischkarten

Laden Sie doch mal zu einem gemütlichen Adventskaffee ein. Mit solchen selbst gebastelten Tischkarten werden Sie als Gastgeberin sicher viel Lob einheimsen. Auch hier ist der materielle Aufwand sehr gering. Alles was Sie außer Salzteig brauchen ist Fotokarton, vielleicht in verschiedenen Farben, und einen Lackstift.

Anleitung

Die Tischkarten werden genauso gebastelt wie die Weihnachtskarten.

Tipp

Da der Karton die Farbe beim ersten Mal Schreiben einsaugt, schreiben Sie ruhig noch 1- bis 2-mal nach.

Alles für den Kaufladen

Äpfel, Birnen, Bananen, Erdbeeren ... machen Lust auf „Reinbeißen", oder besser doch nicht?
Sie sollten diese süßen „Früchtchen" gemeinsam mit Ihren Kindern basteln und anmalen, damit sie erst gar nicht in Versuchung kommen, davon zu naschen.
Um die Ware artgerecht „feilbieten" zu können, besorgen Sie sich in Ihrem Bastel- oder Spielzeugladen Behältnisse wie Körbchen und Tüten. Ganz Geschickte kleben die Tütchen aus Papierquadraten selbst.

Anleitung

Wenn Sie sich die Abbildung genau anschauen, ist das Nachmodellieren kein Problem.
Orangen und Zitronen sehen sehr naturgetreu aus, wenn Sie die Oberfläche mit einer harten Zahnbürste behandeln.
Für die Trauben formen Sie erst eine kleine Grundplatte aus Teig, auf der Sie im Anschluss kleine Kugeln anordnen.
Bei Äpfeln und Birnen drücken Sie Gewürznelken als Blüten und Stiele in den Teig.

Lebkuchen

Apfel-, Nuss- und Mandelkern ... diese Lebkuchen sehen am Adventsstrauß oder Weihnachtsbaum sehr hübsch aus.

Anleitung

Formen Sie die Teile etwa 4 x 7 cm groß und stanzen Sie ein kleines Loch heraus, damit Sie zum Aufhängen ein Band befestigen können.

Bei diesen Lebkuchen müssen Sie nach dem Backen mit etwas brauner Farbe nachhelfen. Die „Teigmandeln" lassen Sie natur.

Tipp

Damit die Lebkuchen an den Rändern nicht so kantig aussehen, streichen Sie vor dem Backen mit angefeuchteten Fingern darüber.

Schneemänner

Die Schneemänner sind als Tischdekoration gut geeignet, aber auch als Mitbringsel kommen sie bestimmt gut an. Sie sind ca. 9 cm hoch.

Anleitung
Die Schneemänner müssen wie die kleinen Kakteen und Engel aus Kleisterteig gearbeitet werden. Das Rezept hierfür finden Sie auf Seite 9. Legen Sie sich genügend Zahnstocher bereit und modellieren Sie nach der Abbildung.

Sternenbaum

Sternenübersät ist dieser originelle Tannenbaum in Natur und Gold gehalten.
Über 60 kleine Sterne habe ich für diesen ca. 16 cm hohen Baum benötigt.

Anleitung

Aus Sternen wird zunächst eine Grundform gelegt und angefeuchtet.
Die restlichen Sterne werden versetzt übereinander angebracht.

Nach dem Backen und Lackieren können Sie einzelne Sterne vergolden.
Eine goldfarbene Pappe habe ich zur Verstärkung des Baumes dahinter geklebt. Dazwischen lässt sich gut eine Goldkordel als Aufhänger festleimen.

Tipp

Wenn Sie die Sterne kreisrund anordnen, entsteht ein schöner Wand- und Baumschmuck.

Weihnachtsbaum

Beim Weihnachtsschmuck darf natürlich der geschmückte Tannenbaum nicht fehlen. Dieser hier ist ca. 17 cm hoch.

Anleitung

Eine Schablone kann zum Formen des Baumes sehr hilfreich sein, muss aber nicht. Sie können auch aus einem Dreieck die Spitzen der Zweige herausdrücken. Schneiden Sie die Stellen vorher mit dem Messer etwa 1-2 cm ein. Probieren Sie es aus und Sie werden sehen, dass es sehr einfach ist.

Für die Kerzen rollen Sie sich einen dünnen Teigstrang aus und schneiden 1 cm große Stückchen ab, die auf dem Baum angeordnet werden. Der Docht wird separat angesetzt. Die Kerzen an der Außenseite sollten mit einem Stück Zahnstocher verstärkt werden. Vergoldete Kugeln geben dem Baum den festlichen Glanz.

Engel als Tischdekoration

Diese Engel sind zwar nur 4-5 cm hoch, aber egal wo Sie sie hinstellen, sie werden im Mittelpunkt stehen.

Anleitung

Damit Ihre Engel während des Modellierens nicht langsam in die „Knie" gehen, verwenden Sie Kleisterteig. Das Rezept finden Sie auf Seite 9.
Legen Sie eine Teigkugel auf das Backblech, umfassen Sie sie mit den Fingerspitzen und drehen Sie aus der Kugel einen Kegel. Dabei bleibt die Unterseite des Teiges auf dem Blech. Stäuben Sie vorher etwas Mehl unter die Teigkugel.
Nun stecken Sie einen gekürzten Zahnstocher so in den Kegel, dass noch etwa 1 cm zum Aufsetzen des Kopfes herausschaut. Die kleinen Flügel formen Sie zu einem Blatt und biegen die Spitzen nach außen. Sie werden am Rücken angebracht.
Nicht vergessen: vorher gut anfeuchten. Jetzt fehlen nur noch die kleinen Hände, die in Form von 2 kleinen Teigkugeln aufgesetzt werden, und fertig sind Ihre kleinen Engel.

Engel

Ein himmlisches Vergnügen wird es für Sie sein, die Engel in eigener Werkstatt herzustellen. Meine Engel sind ca. 8 cm groß. Auf dem Foto zeige ich Ihnen, dass sie naturbelassen genau so schön sind wie bemalt.

Anleitung

Für diese Engel wird zuerst ein Dreieck hergestellt, bevor die Flügel und der Kopf angesetzt werden. Die Haare malen Sie nach dem Backen auf oder Sie modellieren sie wie bei der Figur auf Seite 52 an.

ENGLISCH VERLAG — Bücher für Kreative

ISBN 3-88140-198-9
Broschur, 64 Seiten

ISBN 3-8241-0686-8
Broschur, 64 Seiten

ISBN 3-8241-0795-3
Broschur, 48 S., Vorlageb.

ISBN 3-8241-0737-6
Broschur, 64 Seiten

ISBN 3-8241-0758-9
Broschur, 32 Seiten

Lust auf Mehr?

Liebe Leserin, lieber Leser,

natürlich haben wir noch viele andere Bücher im Programm. Gerne senden wir Ihnen unser Gesamtverzeichnis zu. Auch auf Ihre Anregungen und Vorschläge sind wir gespannt. Rufen Sie uns einfach an oder schreiben Sie uns.

Englisch Verlag GmbH
Postfach 2309 · 65013 Wiesbaden
Telefon 0611/94272 - 0 · Telefax 0611/410665